CB131849

Marcéu

- ★ Prêmio Glória Pondé, de Literatura Juvenil, 2013 – Fundação Biblioteca Nacional
- ★ Prêmio Brasília de Literatura 2014, na categoria Juvenil
- ★ Selo "Altamente Recomendável", 2014 – Fundação Nacional do Livro Infantil e Juvenil (FNLIJ)

Marcos Bagno

Marcéu

EDITORA POSITIVO

a saudade é o revés de um parto,
a saudade é arrumar o quarto
do filho que já morreu
Chico Buarque

Na frente da nossa casa tinha aquele rio. Um rio que não dava para ver o outro lado dele, tão largo que ele era, mais parecia mesmo um mar.

Ali eu vivia só com meu irmão, uma vida só de sonho. Atrás da casa era só a mata, e o vizinho mais próximo ficava a mais de uma légua de caminhada.

Em horas de anoitecer, na praia que a água lambia, doce e doce, eu perguntava:

— Será o quê que tem do lado de lá, hem?

Eu dizia assim porque nunca tinha saído dali, daquele lugar, que era todo o meu mundo desde o início dos tempos.

Meu irmão só sorria:

— Você não sabe? É lá que moram as ideias... É de lá que elas vêm.

Meu irmão era tão mais novo do que eu. Eu até considerava ele meio assim meu filho, sabe... mas as coisas que ele dizia não eram nada de criança.

— Isso quer dizer o quê? — eu tive que perguntar.

— Ainda não sei, mas um dia vou descobrir... — ele respondeu, com a voz cheia de amor-mistério. — Só sei que é lá que moram as ideias, porque um passarinho me contou...

Eu me lembro que ri gostoso e disse:

— Qual passarinho, a gente pode saber?

— O urutau...

Aquele nome riscou um arrepio rápido em mim. O urutau é ave de canto apavorante. Quem já ouviu ele cantar nunca mais esquece. Uma voz de tanta tristeza funda que não pode ser boa notícia. É canto frio feito o metal de uma faca cega rasgando fundo a alma da gente.

— O urutau é a mãe-da-lua — eu disse, sério já. — É o bicho mais agourento que haja. Meu coração chega se aperta só de lembrar daquele pio de malinconia.

— É que ocê não entende a conversa dos bichos de pena. Só tem medo do urutau quem não pressente a meiguice do seu falar.

E ele dizia aquilo com tanta certidão e senso que não dava para não crer.

De outra feita, no meio da metade da manhã, a gente cuidava da vaca no pastinho atrás de casa quando um quero-quero pousou no telhado, largou três gritos no ar e foi s'embora, desdobrando as asas. No mesmo instante meu irmão falou:

— Então esse é que vai ser o meu nome...

Eu estranhei aquilo:

— Do quê que cê tá falando? Que nome? Cê já tem nome, é Marcelo, oras...

— Mas eu mudei um pouco ele... Agora meu nome é Marcéu... Foi assim que o quero-quero me chamou...

— Então ele é que tá errado — eu reclamei. — Além disso, eu não ouvi o quero-quero dizer nome nenhum de cristão, só ouvi ele piar...

Meu irmão abriu um sorriso tão bonito, pegou na minha mão com força e disse assim:

— Meu nome agora é Marcéu... Eu preciso ter céu no meu nome, cê não entende?

Eu fiz cara de desconfiado. Mas ele continuou:

— Eu preciso ter céu no meu nome... porque um dia eu vou voar...

Depois desse sucedido, eu fiquei um tanto assustado. Porque eu comecei a me lembrar de umas coisas de tempos passados, da meninice nossa, minha e dele, ele sempre tão mais novo do que eu.

Me lembrei, como exemplo, de uma vez que ele sumiu das vistas de todo mundo. E haja catar e chamar e procurar e nada.

Até que alguém avistou: meu irmão estava de pé no alto da nossa mãe-mangueira, monumento de pura árvore, mais alta que dez casas da nossa.

Como ele tinha ido parar lá em cima? Mistério. Só me lembro que ele tinha arrancado dois galhos da árvore, cheios de folha, e ficava balançando eles para cima e para baixo, feito fossem duas asas.

— Menino, desce já daí! — eu lembro que gritei, morto de medo.

Meu irmão soltou uma gargalhada toda linda e simplesmente se jogou lá daquele alto. Mãe santíssima...!

Não sei se foi imaginação ou se eu tinha a vista embaçada de pânico, mas me recordo dele ter ficado um ou dois instantes parado, pairado no ar, o corpinho magro sacudindo as asas de galho e folha. Até que despencou de vez e caiu no chão, por sorte em cima de um monte de barro molhado que eu estava juntando para fazer uma parede.

Quebrou um braço, mas estava tão feliz que nem chorou nem nada...

Uns dias se passaram. Até que criei coragem e disse:

— Pois eu duvido é muito...

E ele, nem curioso:

— Duvida do quê?

— Que cê pode entender o que os passarinhos piam e cantam. Ora se não duvido...

Marcéu não disse nada. Ficou matutando um pouquinho. Depois falou:

— Duvidar é feio... Eu nunca duvido das aves... Até hoje elas nunca falharam comigo...

Ele parecia triste. Saiu de perto de mim. A gente estava dentro de casa. Ele caminhou para o terreiro. Pegou as galinhas e levou elas para dentro do galinheiro. Mas ainda era cedo da tarde.

— Por que cê tá guardando as galinhas?

— Porque daqui a pouco vai chover chuva forte...

Eu assuntei o firmamento, que não podia estar mais azul, carente de toda nuvem, um escândalo de sol.

— Que causo é esse de chuva? Espia só o azulejo do céu!

Mas ele não queria falar. Terminou de guardar as galinhas. Entrou em casa. Eu segui, só por ir atrás. Ele fechou as janelas e as portas. Eu me sentei num banco, na sala, de braços cruzados, mais incrédulo que uma pedra.

Ele se sentou também, na minha frente. Ficou atento, apurando os ouvidos. Até que disse:

— Ouve só.

E eu ouvi. Um trovão fez tremer a casa toda. Logo chegou a água, o aguaceiro, uma chuva de deus-me-livre. Me preocupei:

— E se o rio encher demais?

— Não vai encher... não dessa vez...

E eu nem perguntei como é que ele sabia. Porque agora eu já tinha certeza: um passarinho tinha contado tudo para ele.

Desde então, passei a ter muito respeito por tudo o que ele dizia. No finzinho de toda tarde, sempre na beira do rio-mar, a gente se sentava para escutar o pôr do sol e ouvir as cores do céu em fogo.

— Do lado de lá do rio, há de ser tudo muito diverso do daqui — eu comentava.

— É lá que está a belezura perfeita... — meu irmão que dizia. — Acolá tudo é sensato e tem brilho próprio. Aqui a gente vive é na sombra de uma saudade.

Aquelas palavras entravam em mim feito uma estranha música, misturada na melodia do rumor das águas e dos tons de cobre do céu que anoitecia.

Uma vez, numa daquelas tardes, uma nuvem muito escura começou a se formar bem longe, por em cima do rio, lá no horizonte onde a vista não alcançava.

O sol estava muito claro e aquilo não parecia anúncio de chuva.

Meu irmão, que estava sentado na areia da prainha, se levantou de repente, muito pálido, e ficou olhando para aquele ponto distante.

A pouco e pouco, a tal nuvem foi crescendo, crescendo até chegar bem perto de nós. Só então eu descobri o que era, no realmente:

— É um bando de passarinho! — eu quase gritei. — Nunca vi tão grande!

E era mesmo uma revoada de mil cardumes de andorinhas que mergulhavam no mar azul do céu, rápidas como flechas disparadas, tantas que até faziam sombra e escureciam a tarde.

Quando olhei para o meu irmão, ele estava chorando e soluçando. Eu abracei ele bem forte e não perguntei nada, porque não tinha nome na língua da gente para a dor que ele sentia de estar preso no chão.

Ele ficou só olhando aquele andor que ia e vinha, redemunho de muitos corpos pequeninos, quase que um corpo só de andorinha.

Às vezes a gente saía juntos para andar bem no meio do mato, da mata fechada, acobertados pela rede verde das copas bem altas.

Hora e outra, ele parava e ouvia.

E dizia: "cardeal" ou "sanhaço" ou "jaó".

Ou ainda "caracará", ainda "maria-é-dia", ainda "tiziu".

E também "arapapá", "araçari", "aracuã".

Toda qualidade de bicho de pluma ele traduzia, sem mesmo nunca antes ter ouvido aqueles nomes. Como seja?

E aprendeu assobiar uns trinados impossíveis em voz humana. Era pura flauta, um sem-fim de notas que parecia vir de muitos bicos de uma vez só e ao mesmo tempo.

E passava três quartos dos seus dias naquela cantoria sem palavra nem lavra.

— Pra que é que cê frauteia tanto? — eu inquiria.

— Um dia eu consigo. Um dia eles vêm me buscar — lembro que ele respondia, para o meu não entender.

Eu tinha ido visitar uns tios que moravam hora e meia rio abaixo. Meu irmão não quis ir. Pela primeira vez não quis. Eu nem desconfiei.

Foi quando veio a grande cheia de todo ano novo. Janeiro se desmanchando em mágoa pelas dores desse mundo.

Mal que cheguei na casa dos tios, caiu a tromba-d'água. Eles moravam mais longe um pouco do rio, num morrinho mínimo, e mesmo assim a água subiu até quase lamber a casa deles. Meu coração, de medo, virou lama.

Como havera de estar então a nossa casa, tão mais à beira-rio plantada?

Tive de esperar passar a chuva, e a chuva não passava. Por quase um dia inteiro, o pensamento encolhido de frio e maus prenúncios, fiquei preso naquela casa.

Quando o céu se fatigou de chorar tanto, saímos todos apurados, eu, meu tio e o filho dele rapaz, primo da minha idade, todos no rumo da minha...

...casa que não existia mais. Arrombada, roubada pelo rio, pela enxurrada e pela cheia, não tinha mais porta nem janela nem telha nem viga em pé. Era um descaso de casa: reboco oco, paredes carcomidas, móveis imobilizados, sufocados na lama.

Meu tio pôs a mão no meu ombro e disse só assim:

— Num é nada. Cês vêm morar mais a gente.

Eu ouvi como quem não escuta, porque meus ouvidos só queriam entender onde estava o meu irmão.

Aí que meu primo falou:

— Pai, quedê o primo mais pequeno?

Saí catando por onde queira: no alto das árvores, no baixo das pedras, no em cima da ruína da casa, no de lado das paredes podres, no por dentro da lama, do barro, do charco. Nada do meu irmão.

— O seu irmão nada? — meu tio que perguntou.

Eu nem quis olhar para o rio.

— Marcéu! — eu gritei com toda a voz de homem que eu tinha.

— Marcéu! — eu berrei mais forte que um estouro de boiada.

— Marcéu! — eu urrei feito onça ferida de espingarda.

Faz hoje trinta dias daquela chuva má.

São trinta vezes que venho até onde tinha e existia a nossa casa.

Fico plantado no topo de um resto de parede, olhando e vasculhando, espiando e buscando.

Chego com os primeiros lampejos do sol e só vou m'embora no último bocejo da luz dele.

No meio do dia, meu primo vem me trazer comida. Fica um pouco me fazendo companhia.

Depois se vai.

Ninguém me impede.

Ninguém duvida da minha dor.

Ninguém ousa me desistir de esperança.

Quarenta dias do dilúvio.
E nunca mais choveu.

O barro secou até se quebrar todo de pó.

Salvei o que se pôde dos escombros da casa nossa. Já era tão pouco o que a gente tinha.

E o sol me arde. O sol me empreguiça.

Abro os olhos mais que posso. Mas o sono me pega e me leva sem me tirar daqui.

Tem um barulho porém que não me deixa de repente dormir.

É que um bando de maitacas verdiverdíssimas acaba de invadir a mangueira grande do nosso quintal.

Maitaca, maitaca, coisa barulhenta.

Mbaé-taka, mbaé-taka, mbaé-taka, parece que ficam gritando.

Fecho os olhos para ouvir aquela babel desabalada, balbucio de matraca, *mbaé-taka, mbaé-taka.*

Podem gritar, mariazinhas, maritaquinhas, meu irmão não está para traduzir o vosso falatório, o vosso tataratá, a vossa suave algaravia de matraca, o vosso evoé de nhenhenhem de maraca, de maracá, de maracanã... ãã...

De repente, arregalo os olhos e vejo o que ninguém jamais ouviu. Será possível?

Daquela balbúrdia de aves tagarelas um ou outro som começa a se levantar, a se destacar, a despontar feito uma orquídea roxa no tronco escuro do ipê.

E vem outro que se junta aos primeiros, e logo uma rede se desdobra, toda entremeada, toda lisa e compreensível.

Salto do meu posto de vigia, agora inútil. Saio correndo, por pouco não voando, no rumo da casa dos meus tios.

Chego sorrindo de tanta alegre felicidade que ninguém entende. Me tomam por louco?

— Eu já sei! — trato logo de dizer.

— Sabe o quê? — pergunta minha tia e meu tio e meu primo.

Nem respondo. Faço com a mão um chamado de "vem comigo" e tropeço pela trilha que deságua na beira do rio-mar.

De pé na margem, aponto para o outro lado que não se vê, mas há.

É lá.

— É lá o quê? — pergunta meu tio e meu primo e minha tia.

— É para lá que ele foi. Ele conseguiu — eu disse alto. E logo, bem baixinho: — Eles vieram mesmo te buscar.

No mundo das ideias, das belezas perfeitas, para lá tinha ido Marcéu.

— Não tem mais chorar — completei. — Só ele agora é feliz.

Meu tio e minha tia e meu primo se entreolharam.

— Como é que cê sabe? — nem sei mais quem perguntou.

Eu ri que ri e sorri, pois só tinha uma resposta possível.

— Um passarinho me contou.

Marcos Bagno

Aprendi a ler praticamente sozinho, enquanto prestava atenção nas aulas que meu pai dava à minha irmã mais velha à noite. Sabendo ler, aprendi também a escrever e, desde então, a escrita se tornou uma necessidade vital para mim. Tenho de escrever qualquer coisa todo dia para me sentir bem. Acabei me formando em Letras. Escrevi mais de trinta livros, além de já ter traduzido quase duzentos de várias línguas diferentes. Hoje sou professor da Universidade de Brasília, ensinando outras pessoas a traduzir também.

Este livro, *Marcéu*, é uma homenagem ao meu irmão Marcelo, especialista em passarinhos, que foi levado pelas ondas de um grande rio, num dia de forte chuva, e ficou por lá, na terceira margem, para onde todos nós um dia também iremos.

Dados Internacionais para Catalogação na Publicação (CIP)
(Maria Teresa Alves Gonzati / CRB 9-1584 / Curitiba, PR, Brasil)

B147 Bagno, Marcos.
Marcéu / Marcos Bagno. — Curitiba: Positivo, 2013.
48 p.: il.

ISBN 978-85-385-6642-7

1. Ficção brasileira. I. Título.

CDU 082.1

© texto: Marcos Bagno, 2013.
© ilustração da capa: Andres Sandoval, 2013.

Direitos de publicação
© 2013 Editora Positivo Ltda.

Gerente Editorial: Júlio Röcker Neto
Gerente de Arte e Iconografia: Cláudio Espósito Godoy
Edição: Marcelo Del'Anhol e Fernanda Pehls Mendes
Supervisão de Arte: Karina Hollanda
Análise de Arte: Juliana Ferreira Rodrigues
Edição de Arte: Daniel Cabral
Diagramação: Beatriz Wolanski Brito
Revisão: Alessandra Cavalli Esteche
Capa e projeto gráfico: Daniel Cabral
Engenharia de Produto: Solange Szabelski Druszcz

CÓPIA NÃO AUTORIZADA É CRIME
ABDR
ASSOCIAÇÃO BRASILEIRA DE DIREITOS REPROGRÁFICOS
RESPEITE O DIREITO AUTORAL

Todos os direitos reservados à Editora Positivo Ltda.
Rua Major Heitor Guimarães, 174
80440-120 — Curitiba — PR
Site: www.editorapositivo.com.br
Fale com a gente: 0800 723 68 68

Impressão e acabamento:
Gráfica e Editora Posigraf Ltda.

4ª impressão

Impresso no Brasil
1 2 3 4 5 6 8 9 10 11 12

2015